Género Ficción realista

Pregunta esencial
¿Qué forma la identidad de una persona?

Enganchado

Diana Noonan
ilustrado por Gervasio Benítez

Capítulo 1
Una historia de peces 2

Capítulo 2
Enganchado en la historia 7

Capítulo 3
La pesca en la familia 11

Respuesta a la lectura 16

LECTURA COMPLEMENTARIA **El niño y la risa** 17

Enfoque: Elementos literarios 21

Capítulo 1 Una historia de peces

—Aquí va —dijo Camila—. El primer lanzamiento siempre tiene más suerte.

Movió rápidamente su hilo de pesca y lanzó el señuelo de bronce zumbando por el aire. La carnada hizo un ruido al entrar al agua.

Su papá silbó en señal de aprobación.

—Buen lanzamiento —dijo.

—En realidad no es tan bueno —se quejó Camila y comenzó a enrollar el hilo—. Se me enganchó y estoy usando el señuelo del abuelo Tomás. ¿Qué pasa si no lo puedo recuperar?

—Lo harás si te esfuerzas —dijo su papá.

Camila movió rápidamente el hilo de pesca hacia ambos lados. Era inútil pedirle ayuda a su papá. Siempre le decía que tenía que hacer las cosas por sí misma. A veces se preguntaba si él no sería menos duro con ella si no fuera ciega. Parecía como si él siempre estuviera tratando de enseñarle a ser más independiente que cualquier otra persona.

—¿Sabes? —comenzó su papá—, cuando tenía tu edad no me gustaba pescar.

—¡No te gustaba pescar! ¡Eso es imposible! —dijo Camila y haló con fuerza de su hilo.

A Camila le fascinaba pescar. Le encantaba ir a la cabaña de la familia junto al lago Tahoe. Su papá le decía en broma que, tal vez, ella algún día se convertiría en una guía de pesca.

—Yo salía de pesca una vez al año —dijo—. Solo porque tu abuelo me lo pedía. A él le gustaba pescar porque lo devolvía a sus raíces. Le recordaba a su papá, tu bisabuelo.

—El bisabuelo iba de pesca todo el tiempo, ¿cierto? —preguntó Camila.

Su papá enrolló su hilo y lo lanzó nuevamente.

—Claro que sí. También hacía sus propios señuelos. Eran tan buenos que se volvió famoso por eso.

—¡Mi señuelo se atascó! —se quejó Camila—. ¿Qué pasa si no lo puedo traer de vuelta? Es el más importante de mi colección.

—Ten paciencia y sigue esforzándote —contestó su papá.

Camila trató de calmarse, pero era difícil, su papá no la ayudaba. Movió su hilo vigorosamente, hacia arriba y hacia abajo.

—Entonces, ¿por qué no te gustaba pescar? —le preguntó. Trataba de no mostrar su enojo por el hilo atascado.

—Oh, no me gustaba sentarme en la bruma, ni remar un barco ni mojarme los pies. Quería hacer cosas. ¡Una vez hice una canoa de cartón con cinta adhesiva y traté de que flotara en el lago!

Camila hizo vibrar el hilo de pesca con su dedo, como si fuera una cuerda de guitarra.

—Entonces, ¿por qué cambiaste de opinión?

Su papá le explicaba. De repente, Camila oyó un ruido de algo que se revolcaba.

—¡Atrapaste uno! —gritó—, sácalo, papá.

—Es una belleza —dijo su papá mientras el vigoroso pez aleteaba en el fondo del barco.

Camila aspiró el olor a lodo y a algas del animal.

—¿Quieres sostenerlo cuando le quite el anzuelo de la boca? —le preguntó su papá.

—Es bastante grande —dijo deslizando sus dedos sobre el pez con suavidad.

—Creo que pesa 3 libras. Lo voy a devolver al agua ahora —contestó su papá.

—Esto es inútil, tú ya atrapaste un pez. Yo todavía trato de recuperar mi hilo. Por favor, papá, ¿me puedes ayudar? —se quejó Camila cuando oyó al pez salpicando en el lago.

—Vamos, Camila, puedes hacerlo si usas tu imaginación: solo piensa en lo que puede estar sucediendo debajo del agua. Después descubre cómo resuelves el problema —le respondió.

—¡No tengo imaginación! —dijo Camila de mal humor—. Solo tengo un señuelo especial que voy a perder.

—Tienes bastante imaginación —contestó su papá—. Viene de familia, gracias a nuestras raíces.

—¿De verdad? —preguntó Camila.

—Claro que sí, si quieres te lo cuento —le contestó.

AHORA COMPRUEBA

¿Por qué Camila está de mal humor?

Detective del lenguaje

¿Qué función tienen los dos puntos en el texto subrayado?

Capítulo 2

Enganchado en la historia

—El bisabuelo tenía mucha imaginación y paciencia. Se pasaba horas haciendo señuelos a partir de cosas como cucharas viejas, monedas y manijas de las puertas. Una vez, incluso, hizo un señuelo con los aretes de la bisabuela.

—¡Supongo que ella no quedó muy contenta después de eso! —exclamó Camila.

De repente gritó:

—¡El hilo! ¡Está libre!

Empezó a enrollarlo, pero un momento después, enfrente de la barca, se atascó nuevamente. Camila estaba a punto de llorar, en especial porque su papá no le quería ayudar.

—De cierta forma, el bisabuelo era un gran artista —continuó su papá—. Sus señuelos eran muy lindos, eran muy prácticos y la gente pescaba mucho con ellos. Eran tan exitosos que las personas de toda California le pedían que les hiciera uno.

—Abrió un taller, ¿no es así? —dijo Camila, halando fuertemente de su hilo.

—Desde luego que lo hizo. Tenía 15 personas trabajando para él —dijo su papá con orgullo.

—¿Por qué tu papá no se hizo cargo del taller? —preguntó Camila.

—El bisabuelo realmente quería que él lo hiciera. Tu abuelo solo estaba interesado en la pintura. —respondió encogiendo los hombros—. Le encantaba pintar con acuarelas.

—Estoy malgastando mi día con este problema. ¡No puedo cortar el hilo porque perderé mi señuelo más especial! —gruñó de frustración.

—Piensa, imagina, resuelve y lo lograrás —le aconsejó su papá con paciencia.

Camila iba a decirle que pensaba que sus consejos no eran útiles, pero él disfrutaba contándole la historia y continuó hablando.

—A tu abuelo no le gustaba pescar, pero acabó pintándolos. Supongo que al vivir cerca de un lago, había visto muchos peces. Un día le pidieron que hiciera las ilustraciones de un libro sobre diferentes tipos de peces.

—El libro que se hizo famoso —dijo Camila con una sonrisa.

—Es cierto —asintió su papá—. Tu abuelo también fue exitoso porque cuando pintaba era paciente e imaginativo. A propósito, ¿cómo va tu enganche?

—No va —respondió la niña—. Mi señuelo es un tesoro sumergido, perdido para siempre.

Camila puso el hilo en su regazo. Pensó que si se relajaba, descubriría cómo liberar el señuelo.

—¿Cómo te interesaste por la pesca, papá? —preguntó—. Dijiste que ni siquiera te gustaba cuando tenías mi edad.

AHORA COMPRUEBA

¿Qué le gustaba hacer al abuelo de Camila en vez de hacer señuelos de pesca?

Capítulo 3 La pesca en la familia

—El bisabuelo quería que mi papá hiciera señuelos, igual que él, pero terminó pintando peces —dijo el papá—. El abuelo ansiaba que yo fuera un pintor como él. Terminé siendo ecologista marino.

—Eso no explica cómo llegó a gustarte la pesca —dijo Camila riendo.

—Yo estaba en la universidad. Aprendía sobre las aves marinas y cómo se enredan en los largos hilos usados para pescar atún —dijo su papá.

De repente, Camila tuvo una idea y recogió su hilo nuevamente.

—A las aves marinas les gusta descender en picada para atrapar los señuelos de calamar en los anzuelos para el atún. Pero al agarrar la carnada, también agarran los anzuelos y quedan atrapadas. Luego son haladas detrás del barco hasta que se ahogan.

—Eso es horrible —dijo Camila.

Tenía su caña de pescar en el regazo. La niña usaba sus manos para halar el hilo, más y más fuerte.

—Ahí mismo supe que quería ayudar a salvar las aves —continuó su papá—. Pensé en mis viajes de pesca con tu abuelo y en los señuelos que usábamos, que el bisabuelo había hecho. Descubrí por qué sus señuelos eran tan buenos para atrapar peces.

Su papá sonrió.

—Comencé a diseñar señuelos propios. Unos con anzuelos especiales que no atraparan a las aves marinas. Claro, tenía que ensayar cada señuelo que hacía. Finalmente desarrollé uno que funcionaba. Me di cuenta de que estaba completamente enganchado con la pesca.

—Pero solo pesca de atrapar y liberar. Tú devuelves los peces vivos al agua. Mira, papá —dijo.

En ese momento, Camila soltó el rollo de hilo que sostenía, sonó en el aire y cuando comenzó a enrollarlo sintió que el señuelo se movía en el agua.

—Siempre y cuando no se enganche otra vez, antes de que lo enrolle, todo estará bien.

Camila contuvo la respiración hasta que oyó el repiqueteo contra el borde del barco, sin dejar de sonreír.

—Usé mi imaginación, como me dijiste. Tensioné el hilo y lo solté rápidamente. Me imaginé que el anzuelo podría soltarse del enganche, ¡y lo hice!

—¡Bien hecho! —dijo su papá.

Camila buscó el señuelo y, con cuidado, quitó las algas que estaban enredadas alrededor del anzuelo.

—¿Lanzo otra vez? —preguntó.

—Claro que sí —contestó su papá.

En vez de preocuparse, Camila se rio y movió rápidamente el hilo hacia atrás y hacia delante.

—He pensado que es extraño que el bisabuelo, el abuelo, tú *y* yo estemos conectados por la pesca de alguna forma. El bisabuelo hacía señuelos, el abuelo pintaba peces, tú haces señuelos seguros para las aves y a mí simplemente ¡me encanta atrapar peces!

—Las personas hablan mucho de la individualidad, pero cuando se trata de las familias, los parientes suelen parecerse entre sí. Se puede decir que tenemos la pesca en la sangre, y por supuesto, paciencia e imaginación —dijo su papá sonriendo.

—Si lo tengo en *mi* sangre, tal vez un día *sea* una famosa guía de pesca y lleve a otras personas ciegas a pescar conmigo —dijo Camila riéndose.

Detective del lenguaje	**Las palabras subrayadas son una locución preposicional. Busca otra locución preposicional en esta página.**

Camila se detuvo para revisar su hilo. ¿Estaba sintiendo otro enganche o era algo diferente?

—Porque en el idioma de la pesca —continuó—, se usan el oído y el olfato tanto como los ojos.

Su papá estaba por contestarle cuando Camila gritó de sorpresa.

—¡Sí! —gritó—. ¡No solo tengo la pesca en mi sangre, sino que también tengo un delicioso pez en mi hilo ahora mismo! Y te diré algo, yo no voy a pintarlo, ni a liberarlo, lo voy a poner en una sartén, ¡me lo voy a comer a la hora de la cena! —dijo emocionada mientras luchaba por sacar el pez.

AHORA COMPRUEBA

¿De qué se da cuenta Camila sobre la pesca y su familia?

Respuesta a la lectura

Resumir

Usa los detalles importantes de *Enganchado* para resumir el cuento. Puedes usar el organizador gráfico como ayuda.

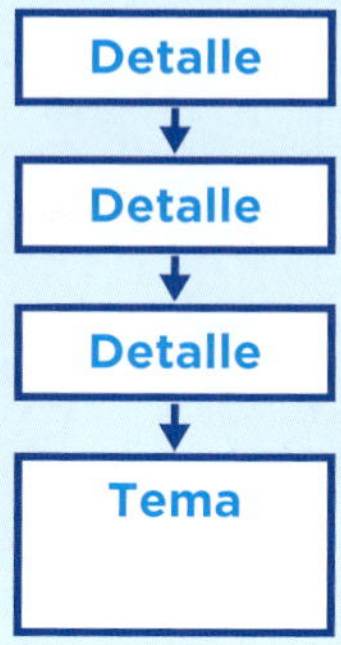

Evidencia en el texto

1. ¿Qué características de este cuento te indican que es ficción realista? **GÉNERO**

2. ¿Cómo se relacionan Camila, su papá, su abuelo y su bisabuelo con la pesca? **TEMA**

3. En la página 5, el narrador dice "Camila hizo vibrar el hilo de pesca con su dedo, como si fuera una cuerda de guitarra". ¿Qué significa esta metáfora? **METÁFORAS**

4. Escribe sobre los elementos que forman la identidad de Camila. Usa detalles del cuento en tu respuesta. **ESCRIBIR SOBRE LA LECTURA**

Género **Poesía**

Compara los textos

Lee el siguiente poema que habla sobre un niño y la búsqueda de la identidad.

El niño y la risa

Alexis Romay (escritor cubano)

El niño ríe
en el río.
La risa
es un barco
de papel
que corre
río abajo.

El riachuelo risueño,

burbujeante y colorido

lleva el barco a su destino.

Al llegar al mar,
la risa estalla
en una carcajada,
y contagia a quien la escucha.

Cuando esto ocurre,

el niño ya ha aprendido

la belleza que encierra

navegar por la vida

repartiendo alegrías.

Haz conexiones

¿Cómo se plantea el tema de la búsqueda de identidad en el poema "El niño y la risa"? **PREGUNTA ESENCIAL**

¿Qué semejanzas encuentras entre *Enganchado* y el poema "El niño y la risa"? **EL TEXTO Y OTROS TEXTOS**

Enfoque:
Elementos literarios

Aliteración Con frecuencia las personas piensan que la aliteración es el opuesto de la rima. Las palabras que riman tienen el mismo sonido final, pero las palabras aliterativas tienen el mismo sonido inicial. La aliteración no solo es para la poesía. Los autores usan aliteración en los cuentos como ayuda para que fluyan las palabras. También es divertido usar aliteración en el diálogo cuando los personajes son graciosos o juguetones.

Lee y descubre En la página 4, el papá de Camila habla de la "canoa de cartón" que hizo. La autora hubiera podido decir "barco de cartón", pero canoa se vincula con cartón y suena agradable para el lector. Las palabras aliterativas no tienen que comenzar con la misma letra, siempre y cuando el sonido inicial sea el mismo. En la página 9, al abuelo de Camila le piden que "hiciera las ilustraciones" de un libro de peces. La autora hubiera podido decir *pintar ilustraciones*, pero así no conecta las palabras usando la aliteración.

Tu turno

Escribe, de manera creativa, el menú de un pícnic usando aliteración. Por ejemplo: "pollo con pimienta" o "papas picantes". Cuéntale a la clase qué menú inventaste.